This book is aimed at those new to music ar
instruments, whether child or adult. It allow
easy learning that requires no previous knov
reading music.

The letter notation makes it possible for you ᴏᵣ ʸᵒᵘᵣ ᵏᶦᵈ
confidently begin playing. Our other books make it easy to
play xylophone with colored circle/letter notation.

This book, however, includes classic note symbols so that
students can begin to learn the reading of musical notes,
including a musical notation showing note duration,
connection, etc.
Our sheet music is not for a specific xylophone, but it is
universal and suitable for most 8-25 note xylophones.

Most songs in this sheet music book can be played within
one octave on the xylophone using only 8 notes. Several
songs need 1.5 or 2 octaves or a 10-15 note xylophone.

For good sound, it is necessary to learn to freely hold the
mallets and to strike the keys of the xylophone lightly,
aiming for the center of each key. This percussion
instrument develops not only a musical ear, but also gross
and fine motor skills, and cognitive skills such as letter
recognition, matching, and patterns.

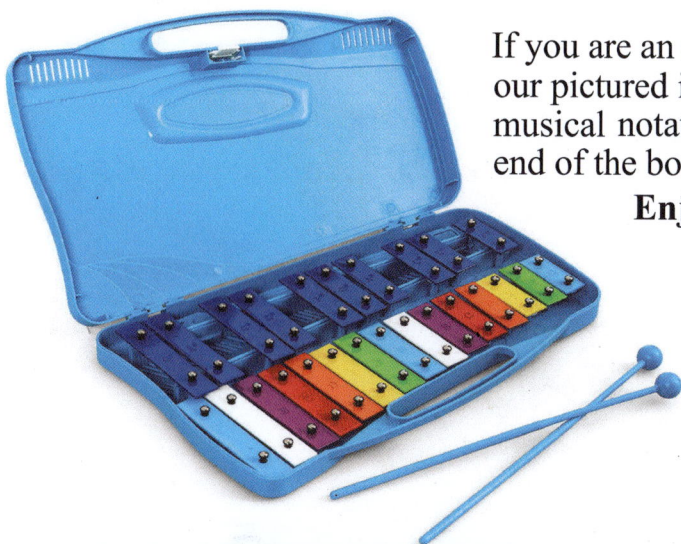

If you are an absolute newcomer,
our pictured illustration about
musical notation symbols at the
end of the book will help you.
Enjoy your playing!

Contents

Part 1

Follow the letter and music notes. Pay attention to the musical notation.

Skip, Skip, Skip to My Lou

E   C   E   E   E   G   D   B

Skip,   skip,   skip   to   my   Lou,   Skip,   skip,

D   D   D   F   E   C   E   E   E   G

skip   to   my   Lou,   Skip,   skip,   skip   to   my   Lou,

D   E   F   E   D   C   C

Skip   to   my   lou,   my   dar   -   ling.

2

Humpty Dumpty

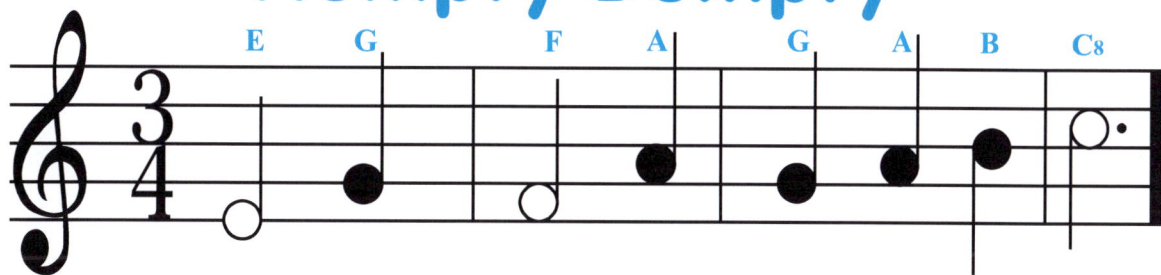

Hump - ty   Dump - ty   sat   on   a   wall,

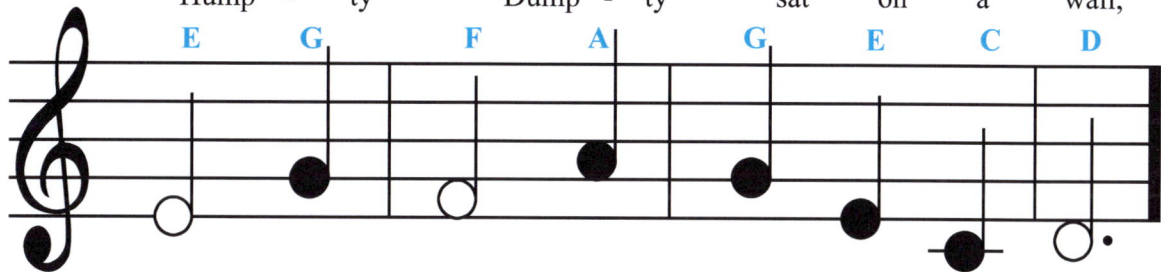

Hump - ty   Dump - ty   had   a   great   fall;

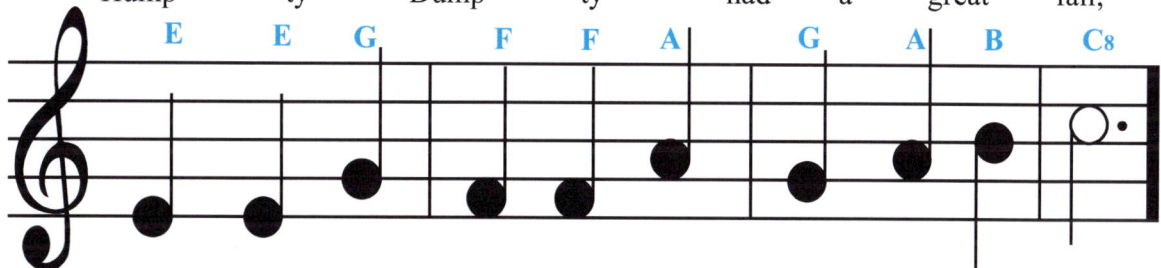

All   the king's   hor - ses   and   all   the   king's   men

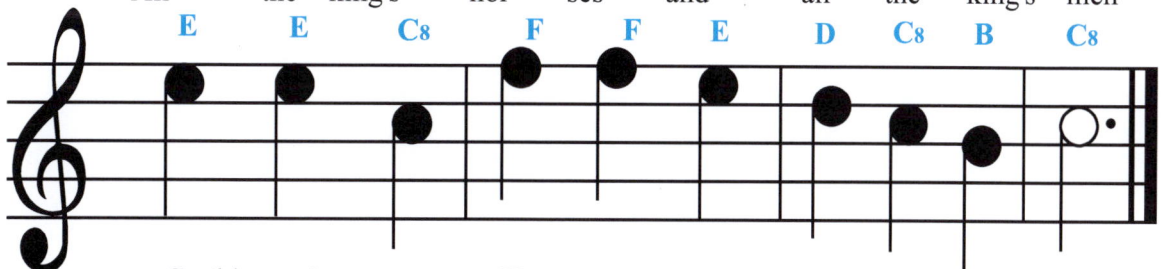

Could - n't   put   Hump - ty   to - ge - ther   a - gain.

My Hat

G A G F E F D D E F G A G E E G

My hat it has three cor-ners; __ Three cor-ners has my hat, __ And

C8 G F E F D D E F G A G C C

had it not three cor- ners, _____ it would not be my hat. _____

I Like to Eat Apples and Bananas

E   G   E   C₈   C₈   C₈   E   D   E   F

I   like   to   eat,   eat,   eat   ap - ples   and   ba -

E   D   D   D   F   D   B   B

na - nas, ____   I   like   to   eat,   eat,

B   D   C₈   D   E   D   C₈   C₈   E   G   E

eat ap - ples   and   ba - na - nas _____   I   like   to

5

Cobbler, Mend My Shoe

C	C	G	G	A	A	G	F	F	E	E

Cob - bler, cob - bler, mend my shoe. Get it done by

D	D	C	G	G	F	F	E	E	D

half past two. Stitch it up and stitch it down

G	G	F	F	E	E	D	C	C	G	G

then I'll give you half a crown. Cob - bler, cob - bler,

A	A	G	F	F	E	E	D	D	C

mend my shoe. Get it done by half past two.

Jamaican folk song

Lost My Gold Ring

G G G G E G C E E C

Bid - dy, bid - dy, hold on, Lost my gold ring.

D D E F D E E E E

One go to King - ston, Come back a - gain.

G G G G E G C E E C

Bid - dy, bid - dy, hold on, Lost my gold ring.

D D E F D E E E E

One go to King - ston, Come back a - gain.

7

This Old Man

G E G G E G A G F E D E F E F

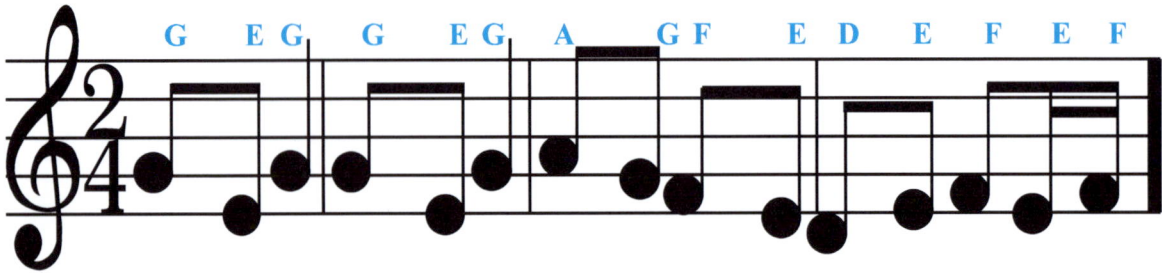

This old man, he played one, He played knick-knack on my thumb; With a

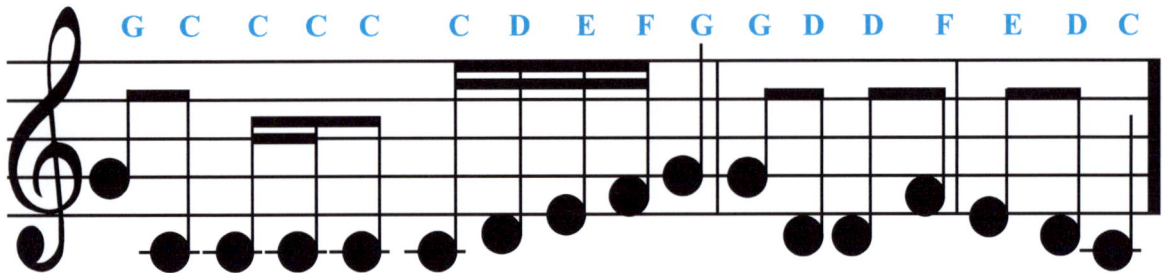

G C C C C C D E F G G D D F E D C

knick-knack pad- dy whack, Give the dog a bone! This old man came roll-ing home.

Baby Bumble Bee

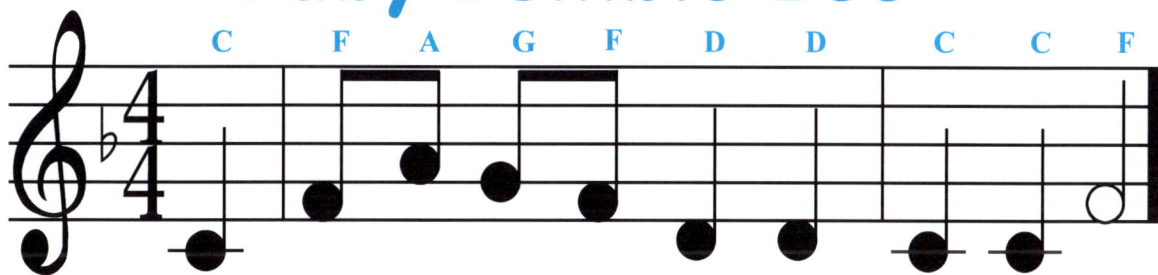

C F A G F D D C C F

I'm bring - ing home a ba - by bum - ble - bee,

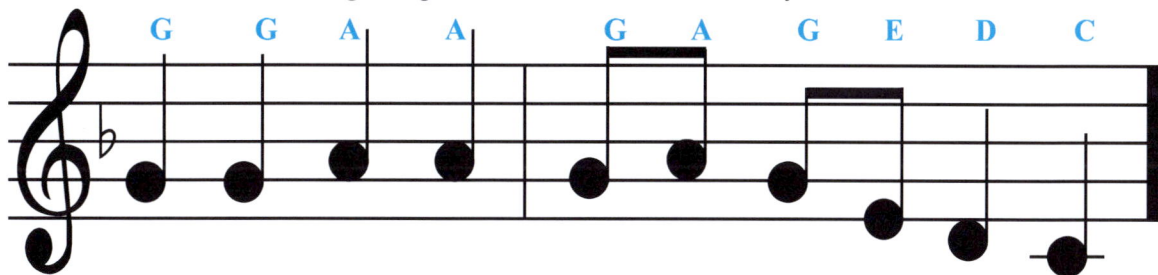

G G A A G A G E D C

Won't my mom - my be so proud of me, I'm

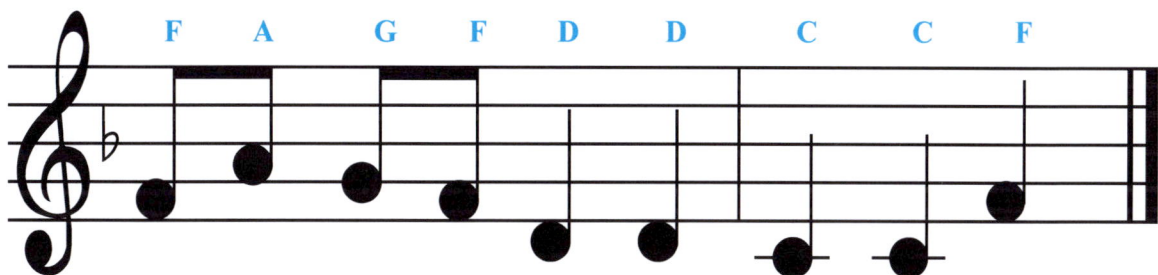

F A G F D D C C F

bring - ing home a ba - by bum - ble - bee.

9

The Bear Went Over the Mountain

C   E   E   E   D   E   F   E   E

The   bear   went   o - ver   the   moun - tain; The

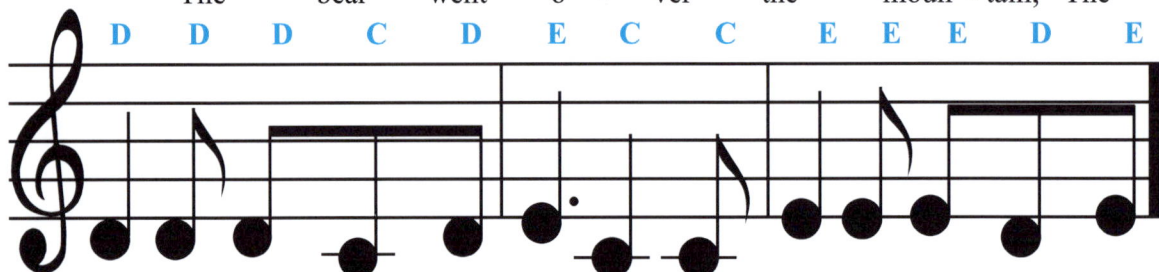

D   D   D   C   D   E   C   C   E   E   E   D   E

bear went   o - ver   the moun - tain; The   bear went   o - ver   the

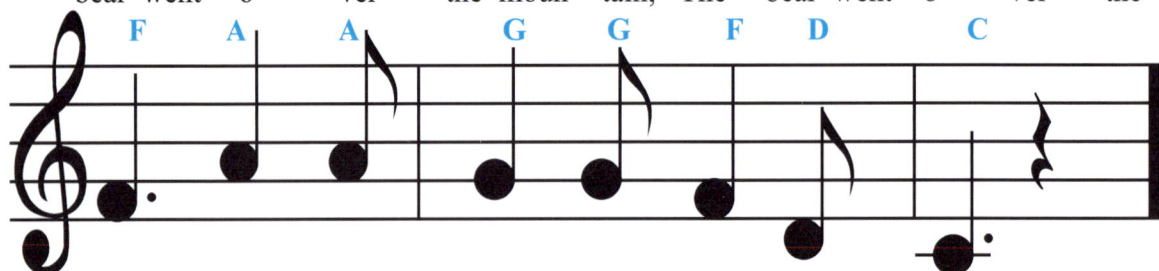

F   A   A   G   G   F   D   C

moun - tain;   To   see   what   he   could   see.

E   G   G   A   A   G   E   G   G   A   A   G

To   see what he could see.   To   see what he could see.

10

Cherry Blossom

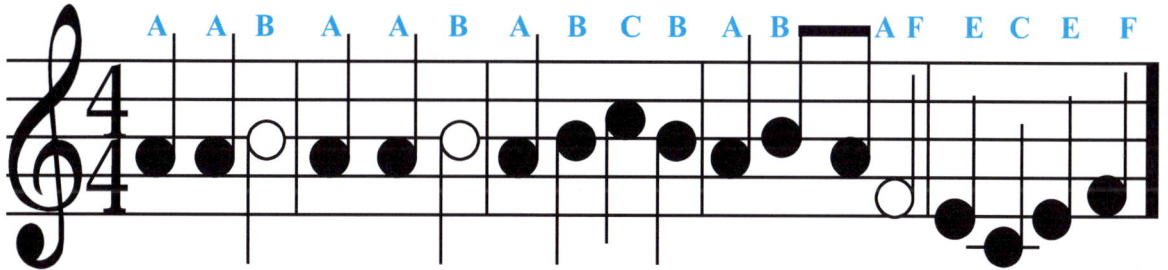

Japanese folk song

A A B A A B A B C B A B A F E C E F

Sa - ku - ra, Sa - ku - ra, Cher-ry blos-soms in the sky, Near and far as

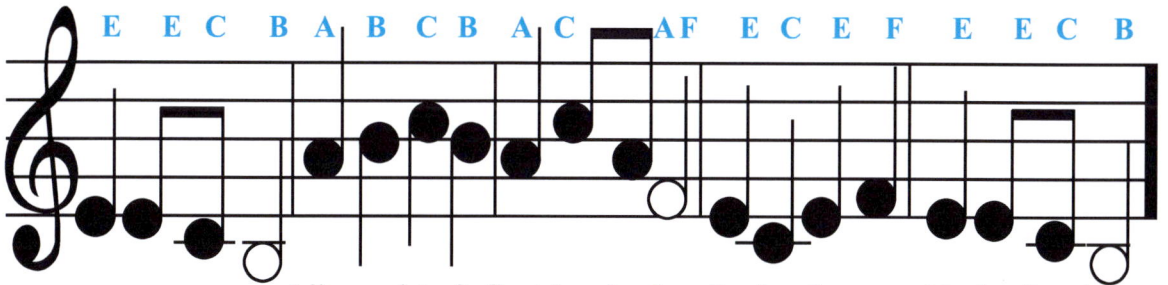

E E C B A B C B A C A F E C E F E E C B

eye can see. Like a mist of float-ing clouds, In the fra-grant blush of spring.

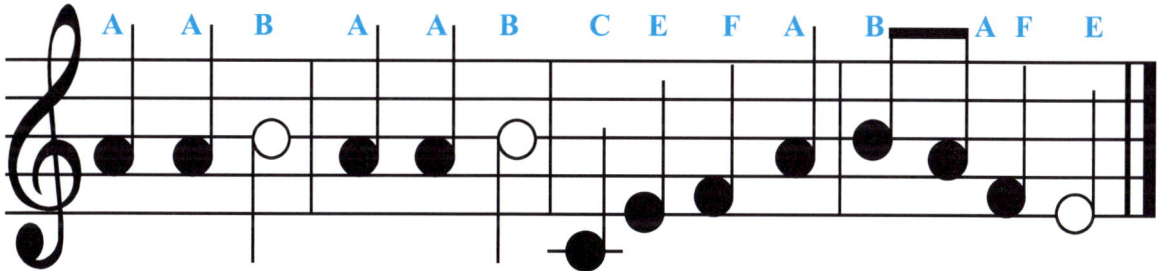

A A B A A B C E F A B A F E

Come, oh come, come, oh come, Come and see the cher - ry trees.

11

Ring Around the Rosie

G G E A G E E

Ring a - round the ros - y, A

G G E A G E

pock - et full of po - sies,

G E G E E

Ash - es! Ash - es! We

G G C

all fall down!

12

Rain, Rain, Go Away

G   E   G   G   E

Rain,   rain,   go   a -   way

G   G   E   A   G   G   E

Come   a -   gain   a -   noth - er   day

F   F   D   D   F   F   D

Lit -   tle   child - ren   wants   to   play

G   F   E   D   E   C   C

Rain_____,   rain_____   go   a -   way

13

A Ram Sam Sam

Moroccan folk song

Little Jack Horner

C   C   C   F   E   D   D   D   G   F

Lit - tle   Jack   Hor - ner   Sat   in   the   cor - ner,

E   E   E   A   G   F   F   C

Eat - ing   a   Christ - mas   pie _____   He

C   C   C   F   E   D   D   D   G   F

put   in   his   thumb, And   pulled   out   a   plum, And

E   E   E   E   D   E   F   F

said, "What   a   good   boy   am   I!" _____

15

It's Raining

G   G   E   A   G   E   E

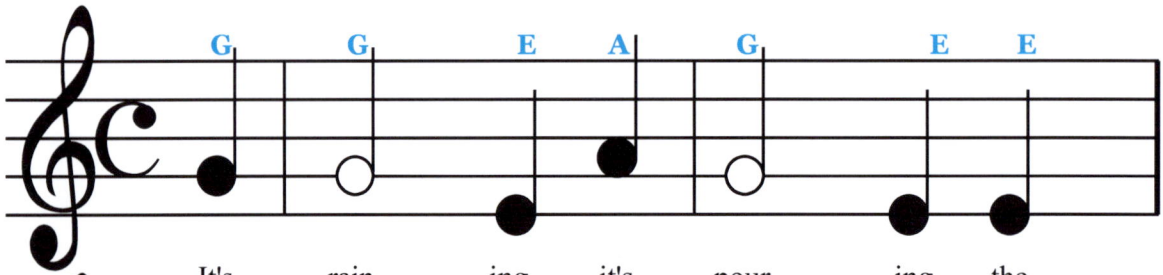

It's   rain - ing,   it's   pour - ing,   the

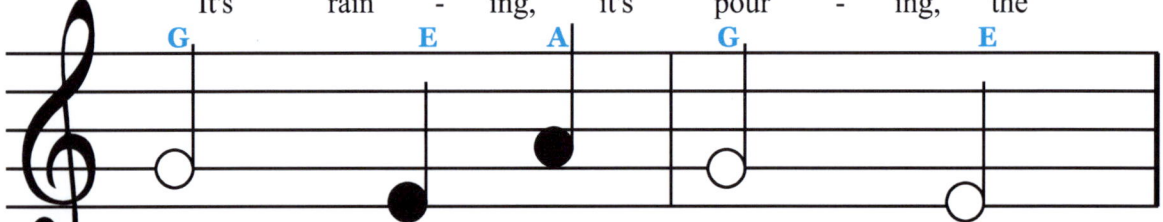

G   E   A   G   E

old   man   is   snor - ing.

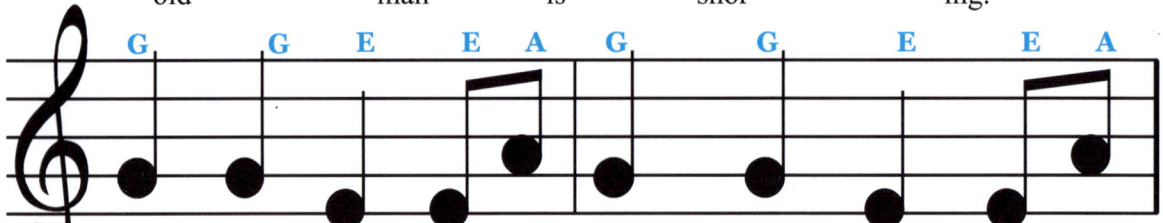

G   G   E   E   A   G   G   E   E   A

Went   to   bed   and   he   bumped   his   head   and   he

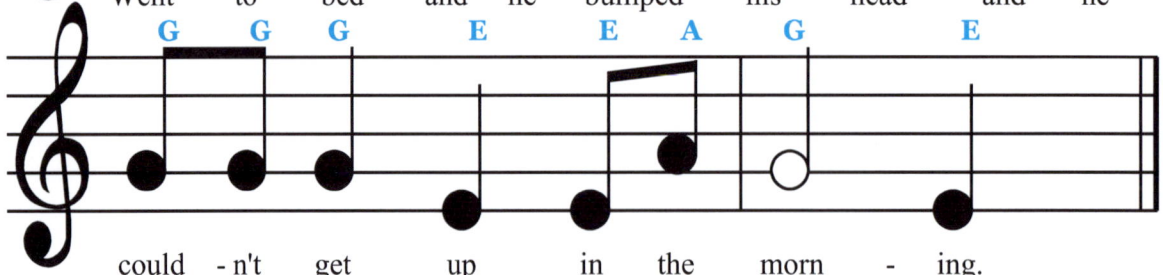

G   G   G   E   E   A   G   E

could -n't   get   up   in   the   morn - ing.

French folk song

Au Clair de la Lune

F F F G A G F A G G F

By the light of the moon, My friend Pier - rot,

F F F G A G F A G G F

Please lend me your quill pen. Just to write a word.

G G G G D D G F E D C

My candle is dead now and I have no light left.

F F F G A G F A G G F

O - pen your door for me For the love of God.

Debka Hora

Israeli folk song

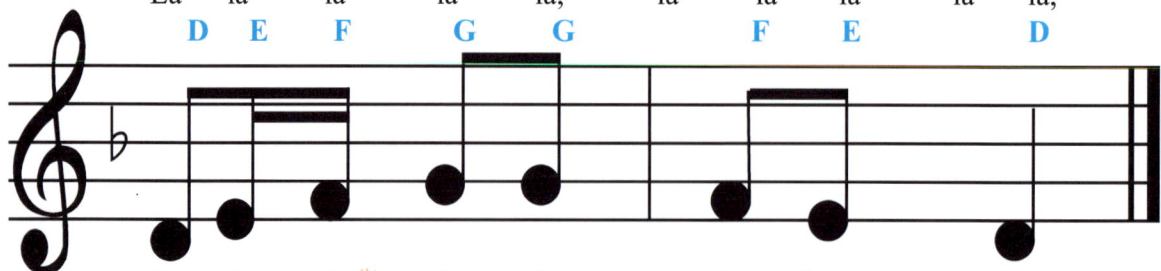

La la la la la la la la

La la la la la la la la,

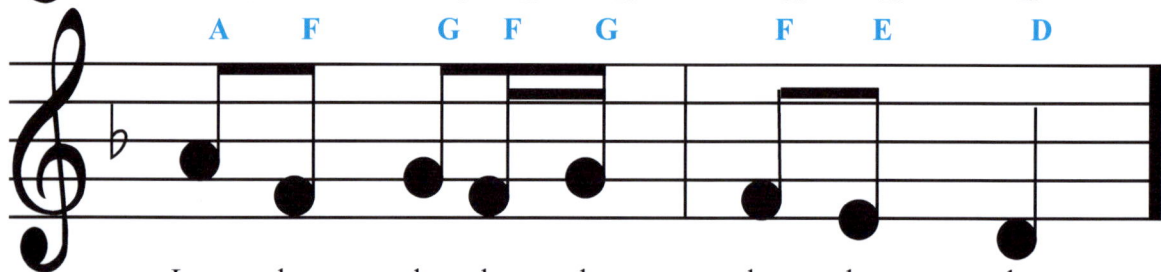

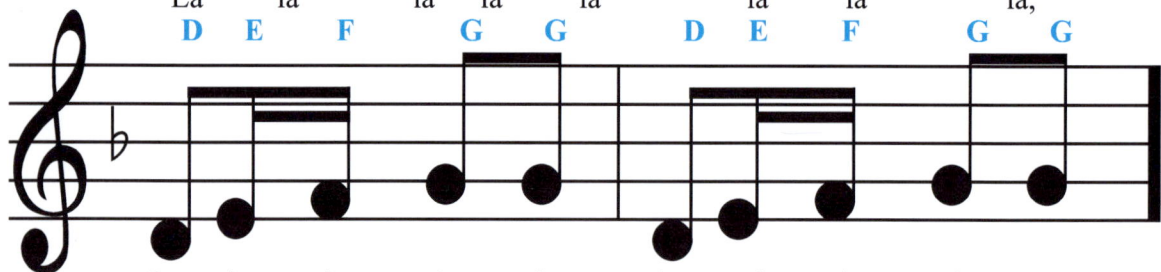

La la la la la, la la la la la,

La la la la la la la la.

18

My Bonnie

My Bon - nie lies o - ver the o - cean

My Bon - nie lies o - ver the sea

My Bon - nie lies o - ver the o - cean

Oh, bring back my Bon - nie to me

19

C F D G F E E E E D E F G A

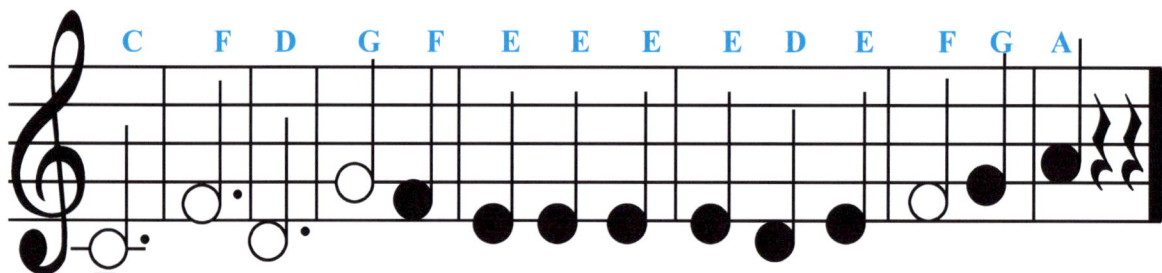

Bring back, bring back. Oh, bring back my Bon - nie to me, to me!

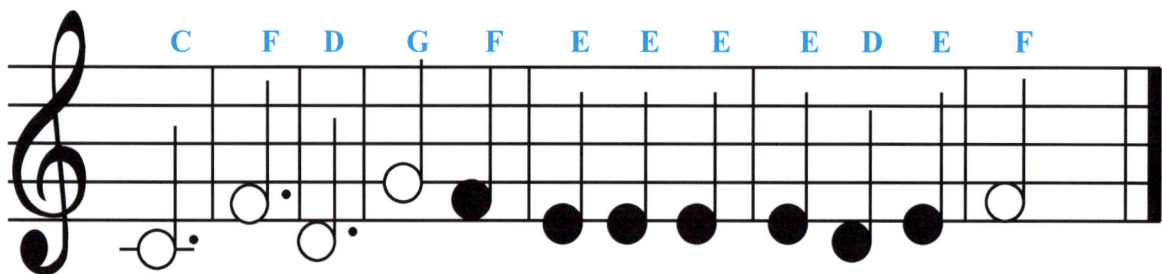

C F D G F E E E E D E F

Bring back, bring back. Oh, bring back my Bon - nie to me.

My Bonnie lies over the ocean
My Bonnie lies over the sea
My Bonnie lies over the ocean
Oh, bring back my Bonnie to me
Bring back, bring back
Oh, bring back my Bonnie to me, to me!
Bring back, bring back
Oh, bring back my Bonnie to me

House of the Rising Sun

D   D   E   F   A   G   D   D   F   D

There is a house in New Or - leans. They

D   D   C8   A   A   A   D   D   D

call the Ri - sing Sun. And it's been the

C8   A   G   D   D   D   F   D   D   D

ruin of ma - ny a poor boy. And God I

G   F   D   D

know I'm one

There is a house in New Orleans
They call the Rising Sun
And it's been the ruin of many a poor boy
And God I know I'm one

My mother was a tailor
She sewed my new blue jeans
My father was a gamblin' man
Down in New Orleans

Now the only thing a gambler needs
Is a suitcase and trunk
And the only time he's satisfied
Is when he's all drunk

Oh mother tell your children
Not to do what I have done
Spend your lives in sin and misery
In the House of the Rising Sun

Well, I got one foot on the platform
The other foot on the train
I'm goin' back to New Orleans
To wear that ball and chain

Well, there is a house in New Orleans
They call the Rising Sun
And it's been the ruin of many a poor boy
And God I know I'm one

21

Part 2

Here you will find 3 different songs with the same set of notes,
but with different notations.
Have you ever noticed that Twinkle Twinkle Little Star, the Alphabet Song
and Baa, Baa, Black Sheep have the same melody?
Yes, they are all based on a tune by Mozart, which is from a French tune,
"Ah, vous dirai-je, maman" ("Ah! Would I tell you, mother?").
This is good material for understanding the importance of musical notations.

Baa Baa Black Sheep

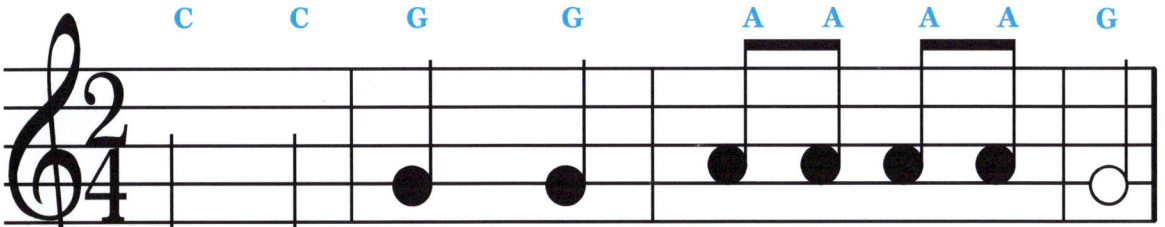

C C G G A A A A G

Baa, Baa, black sheep, have you an - y wool?

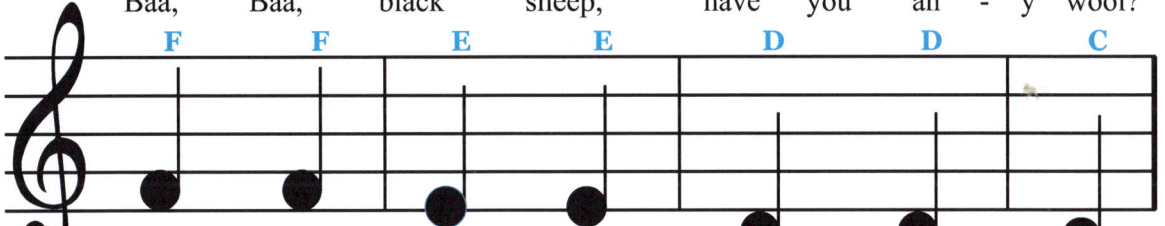

F F E E D D C

Yes sir, yes sir, three bags full.

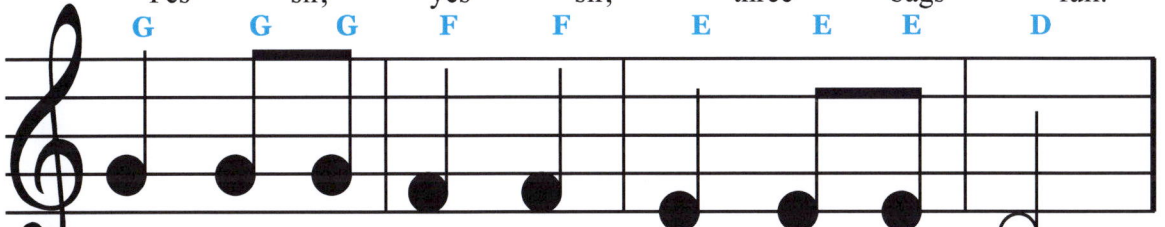

G G G F F E E E D

One for the mas - ter, one for the dame,

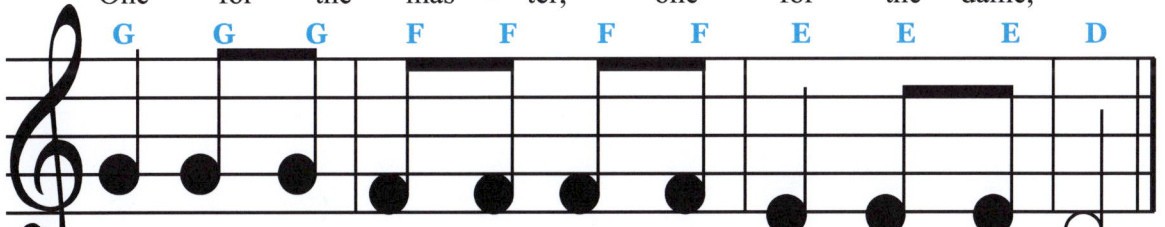

G G G F F F F E E E D

one for the lit - tle boy, who lives down the lane.

Twinkle, Twinkle, Little Star

C C G G A A G F F E E

Twin - kle, twin - kle, lit - tle star. How I won - der

D D C G G F F E E D

what you are. Up a - bove the world so high.

G G F F E E D C C G G

Like a dia - mond in the sky. Twin - kle, twin - kle

A A G F F E E D D C

lit - tle star. How I won - der what you are.

24

Alphabet Song

Music Note Values

whole note

half note

quarter note

eighth note

whole	half	quarter	eighth

Beams

ta	a	a	a
ta	a	ta	a
ta	ta	ta	ta
ti	ti	ti	ti	ti	ti	ti	ti

whole rest

half rest

quarter rest

eighth rest

Printed in Great Britain
by Amazon